JN138964

絶えざる御助けの聖母　巡礼

Our Mother of Perpetual Help

―― わたしたちの見上げる 絶えざる御助けの聖母画 ――

―― わたしたちが祈る 絶えざる御助けの聖母画 ――

CONTENTS

絶えざる御助けの聖母 巡礼

Our Mother of Perpetual Help

絶えざる御助けの聖母画とは

イコンというビザンティン様式の絵画法で描かれたこの聖母子は、15世紀中頃にオスマン・トルコのイスラム教支配からクレタ島に逃れた画家の手によるものです。同世紀末になってローマの聖マタイ教会に移され、3世紀に渡って人々の崇敬を受けていましたが、1798年にフランス革命の余波で聖堂が破壊され、長い間行方不明になっていました。

1863年になってやっと見いだされ、聖マタイ教会の跡地に建てられていた聖アルフォンソ教会の中央祭壇に、教皇ピオ９世の手で再び掲げられました。以来レデンプトール会はこの聖画への崇敬と普及の使命を委託され、今日にいたっています。

絶えざる御助けの聖母、受難のテオトコス
Notre-Dame de Perpetuel Secours, Our Lady of Perpetual Help/Succor

「絶えざる御助けの聖母」とはビザンティンのイコンにおける図像で、聖母子像に、受難の道具を運んでくる天使ミカエルとガブリエルを加えたものです。この図像は、救いに到る道としてのイエズスを示す「ホデーゲートリア」(ギリシア語で「道案内をする女性」の意)の聖母像を発展させたもので、正教会においては「受難のテオトコス」と呼ばれています。

ローマの「絶えざる御助けの聖母」は、赤い衣の上に濃い青のマントとヴェールを着け、幼子イエズスを抱いています。

聖母子の上方にはギリシア文字「ミュー」(M)と「ロー」(P)、「テータ」(Θ)と「イプシロン」(Y VはYの異体字)が、それぞれティルド(˜)を伴って書かれています。ヨーロッパの古文書において、ティルドが付いた文字は、長い語の略記であることを示します。「受難のテオトコス」をはじめとするビザンティンのイコンによく見られる"MP ΘY"は「メーテール・テウゥ」(Μήτηρ Θεού 神の母)の略記です。

「神の母」、ギリシア語で「テオトコス」(Θεοτόκος 神を産んだ人・女性)、ラテン語で「デイー・ゲニトリクス」(DEI GENITRIX 神を産んだ女性)というのは、431年のエフェソス公会議で正統教義に則っていると承認された聖母マリアの称号の一つです。マリアから生まれたイエズス・キリストにおいて、位格的結合(ウニオー・ヒュポスタティカ　UNIO HYPOSTATICA)により、神と人の二性が「相離れず、混合せず、三位一体の第二のペルソナにおいて一致」しているゆえに、イエズスの母であるマリアは、「神の母」(テオトコス、デイー・ゲニトリクス)と呼ばれます。

マリアに抱かれるイエズスの横には「イオタ」(I)と「シグマ」(Σ CはΣの異体字)、「キー」(X)と「シグマ」(C/Σ)が、それぞれティルド(˜)を伴って書かれています。この"IC XC"は「イエースース・クリストス」(Ἰησοῦς Χριστός イエズス・キリスト)の略記です。

ふたりの天使は、聖母子の右上方が大天使ガブリエル、左上方が大天使ミカエルです。

ガブリエルの上には「オミクロン」(O) と「アルファとロー」(AP) と「ガンマ」(Γ)、その上にふたつのエックス形記号が書かれています。"O AP Γ" は「ホ・アルカンゲロス・ガブリエル」(Ὁ Ἀρχάγγελος Γαβριήλ 大天使ガブリエル) を表します。ふたつのエックス形記号は、本来、前が「オミクロン」の上に付く反転コンマ (左右逆向きのコンマ)、後ろが「アルファ」の上に付くコンマです。上付きの反転コンマと、上付きのコンマは、いずれもギリシア語の気息記号で、前者はラテン・アルファベットの"H"で表される気息音、後者は無気息音を表します。

ミカエルの上には「オミクロン」(O) と「アルファとロー」(AP) と「ミュー」(M)、その上にふたつのエックス形記号が書かれています。"O AP M" は「ホ・アルカンゲロス・ミカエル」(Ὁ Ἀρχάγγελος Μιχαήλ 大天使ミカエル) を表します。ふたつのエックスは気息記号です。

大天使たちが運んできているのは、恐ろしい受難の道具です。

すなわち右上方の大天使ガブリエルは、神の許からナザレに遣わされて、イエズス受胎の喜ばしい知らせをマリアに告げた天使ですが、ここではギリシア正教会式の十字架と、イエズスの両手両足を貫いた四本の釘を運んできています。また左上方の大天使ミカエルは、天の全軍の将であり、幼子にとって最強の守護天使であるはずですが、やはり受難の道具、すなわち酸(す)い葡萄酒 (葡萄酒が過発酵して酢になったもの) を入れた壺、酸い葡萄酒に海綿を浸してイエズスに差し出した棒、脇腹を突いた長槍を持っています。

天使は被造物ですから、神のように時間を超越した存在ではありません。しかしながら天使は、肉体と感覚器官を持たない離在知性 (INTELLECTUS SEPARATUS) であり、感覚によらず、神を直観することによって、神のご意志、救世の計画を知ります。ですからイエズスがまだ幼く、受難まで30年近くの月日が残されているこの時点で、既に十字架上の刑死を知り、その道具を示しているのです。ふたりの大天使が運んできた受難の道具を目にして、幼子イエズスは恐怖に駆られて母に駆け寄り、その胸にしがみついています。

イエズス・キリストが「普通の人間」ではないことはもちろんです。しかしながら正統教義によると、キリストは「半分が人間」なのではなくて、「完全な人間」です。

イエズス・キリストは全知全能なる神の三位一体における第二のペルソナ、「子なる神」であるにもかかわらず、救世のために受肉して、神格のうちに人格を有する神人となられました。この位格的結合（UNIO HYPOSTATICA, hypostatic union）のために、受肉したイエズスは知情意と肉体において、普通の人間の幼児と同様に少しずつ成長されました。ルカによる福音書 2章は、イエズスがエルサレムで迷子になったエピソードを語った後、次のように述べています。

> それから、イエスは一緒に下って行き、ナザレに帰り、両親に仕えてお暮らしになった。母はこれらのことをすべて心に納めていた。
>
> イエスは知恵が増し、背丈も伸び、神と人とに愛された。
>
> （ルカによる福音書 2:51, 52 新共同訳）

したがって、稚い（いとけない）子供であったイエズスが、恐ろしい十字架や槍を見たときに感じた恐怖は、普通の人間の幼児の場合と何ら違いがありません。母の胸にしがみついた幼子イエズスの、右足のサンダルの紐が切れているのが幼子の恐怖感を表していて、何と痛々しいことでしょうか。

この絶えざる御助けの聖母聖画は、イエズス・キリストのご生涯中の特別な出来事を描いたものではなく、イエズス・キリストが幼い時から、すでに人としても将来の御苦難をよく知り、それについて考えておられたということと、聖母もまた予言によって、来るべき御子のご苦難を知っておられ、それを心の中で耐え忍んでおられたことを私たちに現しています。

聖母は人類を深く愛し、また御子のご苦難とご死去によらなければ、その救いが不可能であることも知っておられたので、この内的殉教を忍ばれたのです。従って、その慈しみは、この世の子らの上に注がれています。それゆえに、この聖画において、聖母マリアは神の母、教会の母、人類の母、救い主の協力者として示されています。

聖母はみ摂理によって与えられた使命を成し遂げられるために、またすべての人々を助けるために、特別なとりなしの力を授けられました。

この聖母のとりなしを受けるために、信頼をもって聖母マリアの御助けを願いましょう。

絶えざる御助けの聖母画を頂いた感謝の祈り

希望の源である神よ、尊い聖母画を私たちに与えてくださったことを感謝いたします。特に、日本の教会、聖堂、学校、家庭で、多くの人達に慰めと希望を与えてくださいました。救いのみ業の協力者として、一生をささげられた聖母マリアのみ心は、私たちの信仰生活の模範です。

聖母の御助けを求める私たちが、悲しみ深いみ心に近づけますよう、聖霊の導きをお与えください。

絶えざる御助けの聖母よ、私たちのためにお祈り下さい。
アーメン。

絶えざる御助けの聖母画の修復

・発見当時の原画は、香油と煙で変色していました。

・1866年1月19日　ローマの聖アルフォンソ・デ・リゴリ教会（Chiesa di Sant 'Alfonso all' Esquilino）に掲げられた。

・1866年4月26日　ポーランドの芸術家レオポルド・ノヴォトニによって修復。

・1867年6月23日　奇蹟を記念して冠が取り付けられた。

・1990年　バティカン博物館技術部門にて鑑定時代測定。

X線、赤外線、紫外線等測定で、塗料の質的で量的分析、炭素carbon-14テスト等測定による木質分析から、原画の制作時代は1325年～1480年と測定された。原画の顔が変更されたことを明らかにされた。

・1995年　原画に忠実に復元。冠がとられ、原画の状態に戻された。

発見当時の香油に汚れた聖画

1867年　修復（冠がついた）

1995年　修復（発見当初にもどる）

聖母の御助けを求める祈り

教会の母である聖マリア、あなたは「絶えざる御助けの聖母」と呼ばれ、はてしない信頼を起こさせてくださいます。いつ、どこにおいても、私たちをお助けくださいますよう、心から祈り求めます。

特に、困難に出会った時、病気の時、誘惑を受けた時、罪を犯した時、人生のあらゆるみじめさの中にあっても、苦難にあっても、私たちをお助け下さい。

幼子のような信頼をもって、あなたのご慈愛と、絶えざる御助けを頂くことが出来ますように。　アーメン。

絶えざる御助けの聖母教会

日本の「絶えざる御助けの聖母」に捧げられた10の教会

1	絶えざる御助けの聖母教会	カトリック雪ノ下教会	横浜教区	神奈川県鎌倉市
2	絶えざる御助けの聖母教会	カトリック取手教会	さいたま教区	茨城県取手市
3	絶えざる御助けの聖母教会	カトリック長浜教会	京都教区	滋賀県長浜市
4	絶えざる御助けの聖母教会	カトリック網野教会	京都教区	京都府京丹後市
5	絶えざる御助けの聖母教会	カトリック吹田教会	大阪教区	大阪府吹田市
6	絶えざる御助けの聖母教会	カトリック水巻教会	福岡教区	福岡県遠賀郡
7	絶えざる御助けの聖母教会	カトリック大山教会	長崎教区	長崎県長崎市
8	絶えざる御助けの聖母教会	カトリック壱部教会	長崎教区	長崎県平戸市
9	絶えざる御助けの聖母教会	カトリック串木野教会	鹿児島教区	鹿児島県いちき串木野市
10	絶えざる御助けの聖母教会	カトリック母間教会	鹿児島教区	鹿児島県大島郡徳之島
11	絶えざる御助けの聖母教会	カトリック茂木町教会（廃止）	長崎教区	長崎県長崎市
12	絶えざる御助けの聖母教会	カトリック中舞鶴教会（廃止）	京都教区	京都府舞鶴市
13	絶えざる御助けの聖母教会	カトリック由良教会（廃止）	京都教区	京都府宮津市

絶えざる御助けの聖母教会
カトリック 雪ノ下教会

横浜教区　教区司牧　創立 1949 年（レデンプトール会）
神奈川県鎌倉市小町 2-14-4

大聖堂　壁画
（イタリア・ラヴェンナの工房作）

◀カトリック雪ノ下教会▶

脇祭壇

小聖堂

この聖画は、原画の6223枚目の複製です

カトリック 雪ノ下教会 信徒会館

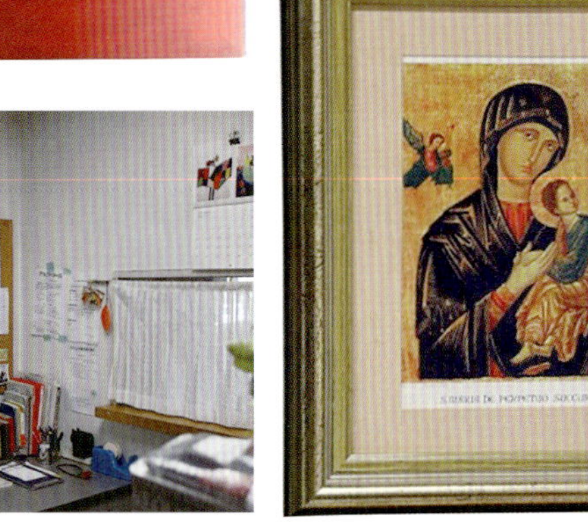

カトリック 雪ノ下教会 初代聖堂

教会最初の聖堂　ミサ風景

カトリック 雪ノ下教会 二代目聖堂

1958年　竣工した新聖堂

1953年当時の修道院・教会の聖堂

絶えざる御助けの聖母よ、私たちは御母の奇跡の聖画のみ前でお祈りをささげます。
幼子のような信頼の心をもって祈る事が出来ますように、私たちをお支えください。聖母のみ腕にしっかりと抱かれた幼子は、生と死をつかさどる主であり、すべての善と恵みの与え主であることを信じます。

聖母マリアよ、お取り次ぎを祈り求める私たちは、信頼をもってあなたの御助けを待ち望みます。

アーメン。

絶えざる御助けの聖母教会
カトリック 取手教会

さいたま教区　イエズス・マリアの聖心会司牧
創立1984年（イエズス・マリアの聖心会）
茨城県取手市戸頭219-1

脇祭壇

ステンドグラス

絶えざる御助けの聖母よ、み腕に抱かれ、恐れておののく幼子イエス・キリストを見つめる聖画のみ前で祈りをささげます。主イエス・キリストは私たちの罪の贖いのために、十字架上で息絶える時、私たち一人ひとりに、御母のご保護と慰めを求めてくださいました。幼いイエス・キリストが聖画のみ腕にすがっておいでのお姿は、聖母のご保護を願う私たちそのものであります。

御母マリアよ、私たちは主とあなたの愛の深さを人々に語り伝えます。この祈りを聞き入れてください。

アーメン。

絶えざる御助けの聖母教会

カトリック 長浜教会

京都教区　教区司牧
創立 1954 年（メリノール宣教会）
滋賀県長浜市南高田町 47

位牌脇祭壇

旧教会聖堂（旧黒壁銀行の建物）は現在の黒壁スクエア

▲カトリック長浜教会▼

絶えざる御助けの聖母よ、私たちはあなたの祝された聖画のみ前で祈りをささげます。聖母の偉大さ、神の母の誉れ、「おめでとう恵まれた方」(ルカ1-28)と告げる大天使ガブリエルと、ご受難の道具を見せる大天使ミカエルが幼子を祝されます。聖母のみ手は、王のなかの王である主イエス・キリストを支えておられます。

無原罪の聖母マリアよ、あなたが力ある方とされたことは、私たちの信仰への助けのためです。信頼をもって、あなたの慈しみにおすがりいたします。

アーメン。

絶えざる御助けの聖母教会
カトリック 網野教会

京都教区 レデンプトール会司牧
創立1951年（レデンプトール会）
京都府京丹後市網野町網野2733

絶えざる御助けの聖母教会
カトリック 吹田教会

大阪教区　レデンプトール会司牧
創立1955年（レデンプトール会）
大阪府吹田市出口町17-21

脇祭壇

▲カトリック吹田教会▼

信徒会館・修道院
エントランス

小聖堂

絶えざる御助けの聖母よ、私たちにほほえみかけておられる、あなたの美しい聖画のみ前で祈りをささげます。

あなたは聖性の花であるイエス・キリストを咲かせた聖なる茎のようなお方であります。あなたのみかしら(髪)に輝く星は、私たちに救いの恵みを告げ、永遠の幸福を約束なさった「あけの星」、激しい嵐の中の、希望の光、「海の星」であります。

愛する御母よ、私たちの日々の重荷に手を添えられ、み心を見習うように、お取り次ぎください。

アーメン

絶えざる御助けの聖母教会

カトリック 水巻教会

福岡教区　教区司牧
創設1956年（パリ外国宣教会）
福岡県遠賀郡水巻町頃末南1-35-3

絶えざる御助けの聖母よ、悲しみの母を示される聖画のみ前で祈りをささげます。
ご苦難の道具の痛ましさは幼子をおののかし、あなたは主イエス・キリストと共に、苦しみの生涯をおくられました。私たちは御母が人々の、罪の贖いの協力者として、主と一致された御功徳のすばらしさを感謝いたします。

聖母マリアよ、御子の十字架上の苦しみと死によって、心痛められたあなたに同情いたします。私たちに罪の痛悔と罪をさける勇気とを与え、この私たちの求める祈りを聞き入れてください。

アーメン。

絶えざる御助けの聖母教会
カトリック 大山教会

長崎教区　教区司牧
創立 1896 年（パリ外国宣教会）
長崎県長崎市大山町 566-1

聖堂壁画

初代司教プティジャン司教の承認を得て、パリ外国宣教会のラゲ神父がローマから取り寄せた絶えざる御助けの聖母聖画の一枚

絶えざる御助けの聖母よ、苦しみの御母を語っておいでの美しい聖画のみ前で祈りをささげます。
あなたがお受けになられた深い御苦しみをとおして、私たちの日々の苦難に、慈しみのみ手を差し伸べてくださいます。あなたが私たちのためにお苦しみになられ、私たちへ向けられた御目の慈悲深い眼差しに感動いたします。疲れ果てた私たちは、あなたのあわれみ深い優しい心に支えられています。

慈しみ深い御母マリアよ、私たちに生きる勇気と回復する力をお与えください。

アーメン。

絶えざる御助けの聖母教会

カトリック 壱部教会

長崎教区　教区司牧
創立 1964 年（アトンメントのフランシスコ会）
長崎県平戸市生月町壱部 4808-1

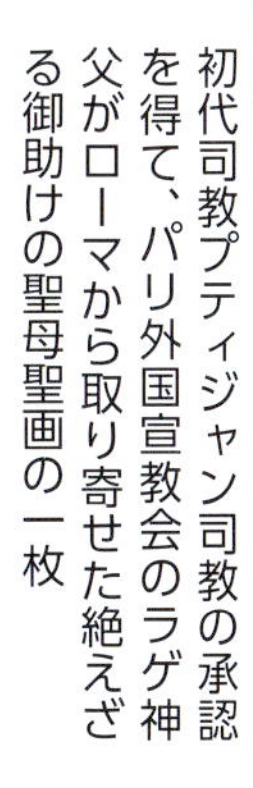

初代司教プティジャン司教の承認を得て、パリ外国宣教会のラゲ神父がローマから取り寄せた絶えざる御助けの聖母聖画の一枚

絶えざる御助けの聖母よ、あなたが主イエス・キリストの御母、悲しみの御母、私たちの御母であることを示される聖画のみ前で祈りをささげます。
神はあらゆる恵みがあなたのみ手をとおることをお望みになりました。あなたは主イエス・キリストのみ心と一致され、苦しみを共にされ、この世で苦しむ人々に助けの手を差しのべられます。

慈しみの御母よ、あなたに護られる私たちは、神に見捨てられることも滅びることもなく、私たちが忠実に生きることが出来ますよう、切にお願いいたします。

アーメン。

絶えざる御助けの聖母教会
カトリック 串木野教会

鹿児島教区　レデンプトール会司牧
創立1971年（レデンプトール会）
鹿児島県いちき串木野市串木野高見町149

▲カトリック串木野教会▼

　絶えざる御助けの聖母よ、強い信頼を約束してくださるあなたの聖画のみ前で祈りをささげます。
力強く慈しみ深いあなたに、より頼む私たちのみじめさを思う時、身に余る思いがいたします。聖母マリアは聖画の中で、「わが子よ、信頼しなさい、私はあわれみの母であり、いやすべき罪人をいやし、絶えざる御助けの聖母である私の名は、私がすべてのみじめさを和らげる。」とお話になっておられます。
　聖母マリアよ、私たちはあなたの寛容なみ心と慈しみを呼び求め、信頼をおささげいたします。
アーメン。

絶えざる御助けの聖母教会

カトリック 母間教会

鹿児島教区 レデンプトール会司牧
創立 1959 年（レデンプトール会）
鹿児島県大島郡徳之島町母間 9540

　絶えざる御助けの聖母よ、私たちは天に昇られたあなたの聖画のみ前で祈りをささげます。私たちは日々あなたのみ前に集い、信頼をこめて祈りをささげました。絶えざる御助けのみ名は、私たちの願いを聞き入れ、尊い恵みと希望とを与えてくださいます。

　絶えざる御助けの聖母よ、あなたはすべてに心を配られ、必要な恵みを奇跡をとおしてお与えくださいます。御母の慈しみとあわれみ深い愛により、私たちの願いを聞き入れてください。

アーメン。

絶えざる御助けの聖母教会

(旧)カトリック 茂木町教会〔廃止〕

長崎教区　レデンプトール会司牧
創立 1961 年 4 月 (レデンプトール会)
長崎県長崎市茂木町 148-4 ／廃止 2013 年 4 月

絶えざる御助けの聖母教会

(旧)カトリック 中舞鶴教会〔廃止・現在 集会所〕

京都教区 レデンプトール会司牧
創立1962年(レデンプトール会)
京都府舞鶴市字余部下/廃止1990年 復活祭

▲(旧)カトリック中舞鶴教会〔廃止・現在集会所〕▼

祭壇 額画

別室卓上祭壇 額画

あゝ童貞聖マリア、御身は、はてしなき信頼をおこさしめんがため、「絶えざる御助けの聖母」なる、いと甘美なる御名をとり給えり。願わくは、いつにても又いずこにても、特に誘惑の時、罪を犯せし時、困難の時、人生のあらゆるみじめさの中に於て、わけても臨終の時、我を助け給え。慈しみ深き御母よ、忠実に御身に願わば、御身も忠実に助け給うならんと、我は固く信じ奉る。されば、絶えず御身の御許に、はせよらんとの望のみならず、その善きならわしをも与え給え。願わくは、絶え間なく幼子の信頼もて、御身に祈り奉る大いなる御恵を我に賜わらんことを。そは、この忠実なる祈によりて、御身の絶えざる御助けと、終り迄堅忍する聖寵を得んがためなり。アーメン。

Cum appr. eccl.

絶えざるおん助けの聖母
われらのために祈りたまえ。

絶えざる御助けの聖母教会

(旧)カトリック 由良教会〔廃止〕

京都教区　レデンプトール会司牧
創立 1950 年頃と思われる(レデンプトール会)
京都府宮津市由良／廃止 2000 年頃と思われる

※由良教会の古い信徒の方より
　写真を提供して頂いた

絶えざる御助けの聖母(1)

一、絶えざる御助けの聖母
汝が子らを祝し絶えざる
御助けの聖母　守り給え

二、絶えざる御助けの聖母
罪人をてらし絶えざる
御助けの聖母、救い給え

三、絶えざる御助けの聖母
病める者をいやし絶えざる
御助けの聖母　なぐさめませ

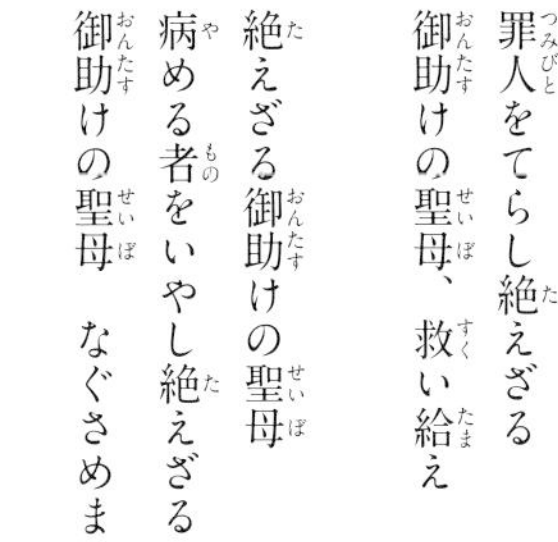

四、絶えざる御助けの聖母
我が国を恵み絶えざる
御助けの聖母　保護し給え

—古語—

絶えざる御助けの聖母(2)

一、絶えざるみ助け
　たびますみ母よ
来たり乞いまつる
　奇しきみ助け
あわれみそなわせ
　み助けぞ給え

二、尽きせぬみ助け
　永遠なるみ光り
罪ゆ悲しみゆ
　魂解かせ給え
闇夜の歩みの
　しるべにましませ

三、旅路の果てにし
　吾れ乞いまつらむ
恵みぞ給いて
　天なるみ国に
昇り見まつらめ
　聖父こそ直に

−こどもとともに−

絶えざる御助けの聖母(3)

絶えざる御助けの聖母
私たちのためにお祈り下さい

絶えざる御助けの聖母画の掲げられている教会等

絶えざる御助けの聖母に捧げられた教会の他にも
各地の教会にこの聖画が掲げられています
絶えざる御助けの聖母を通して捧げる祈りをもって
わたしたちも絶えざる御助けの聖母の巡礼を続けましょう

聖アルフォンソ教会〔ローマ〕

レデンプトール会総本部教会
創立1859年（レデンプトール会）

ローマの聖アルフォンソ・デ・リゴリ教会
(Chiesa di Sant 'Alfonso all' Esquilino) の聖画

▲聖アルフォンソ教会〔ローマ〕▼

LARGE MOSAIC WITH REDEMPTORIST SAINTS
レデンプトール会修道士聖人と一緒のモザイク画

雪の聖母
カトリック 新庄教会

新潟教区　イエズス・マリアの聖心会司牧
創立 2010年（イエズス・マリアの聖心会）
山形県最上郡舟形町舟形 445-1

日本聖公会 弘前昇天教会

日本聖公会東北教区
創立1921年（日本聖公会）
青森県弘前市山道町7

シエナの聖カタリナ
カトリック 松木町教会

仙台教区 ドミニコ会司牧
創立1954年(ドミニコ会)
福島県福島市松木町4-2

聖アルフォンソ

カトリック 初台教会

東京教区 レデンプトール会司牧
創立 1956年（レデンプトール会）
東京都渋谷区代々木5-16-3

小聖堂

レデンプトール会東京修道院

修道院壁画

レデンプトール会 東京修道院

▲カトリック初台教会▼

聖フランシスコ・ザビエル

カトリック 神田教会

東京教区 教区司牧
創立 1874 年（パリ外国宣教会）
東京都千代田区西神田 1-1-12

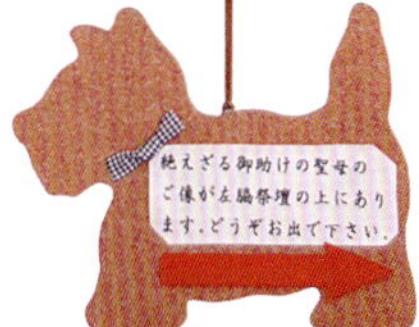

聖タデオ
カトリック 成城教会

東京教区　パリ外国宣教会司牧
創立1953年（パリ外国宣教会）
東京都世田谷区成城 2-21-16

アシジの聖フランシスコ

フランシスカン・チャペルセンター（六本木外国人共同体）

東京教区 フランシスコ会司牧
創立1967年（フランシスコ会）
東京都港区六本木4-2-37

聖アウグスチノ
カトリック 葛西教会

東京教区　聖アウグスチノ修道会司牧
創立1969年（聖アウグスチノ修道会）
東京都江戸川区中葛西1-10-15

被昇天の聖母
カトリック 横須賀三笠教会

横浜教区　教区司牧
創設 1866 年（パリ外国宣教会）
神奈川県横須賀市稲岡町 82
三笠教会創立 1948 年（パリ外国宣教会）

レデンプトリスチン修道会 鎌倉修道院

創立 1950 年
神奈川県鎌倉市小町 3-10-6

聖霊

カトリック 諏訪教会

横浜教区 レデンプトール会司牧 創立1959年(レデンプトール会)
長野県諏訪市湖岸通り4-1-36

無原罪の聖母
カトリック 岡谷教会

横浜教区 レデンプトール会司牧
創立 1955（レデンプトール会）
長野県岡谷市幸町 4-13

洗礼者聖ヨハネ
カトリック 茅野教会

横浜教区　レデンプトール会司牧
創立 1964 年（レデンプトール会）
長野県茅野市仲町 14-7

聖ヨセフ
カトリック 富士見教会

横浜教区 レデンプトール会司牧
創立1960（レデンプトール会）
長野県諏訪郡富士見町富士見4650

使徒聖ヨハネ

カトリック 松本教会

横浜教区　教区司牧
創立 1890 年（パリ外国宣教会）
長野県松本市丸の内 9-32

レデンプトリスチン修道会
茅野修道院

創立1992年
長野県茅野市豊平3453

▲レデンプトリスチン修道会茅野修道院▼

▲レデンプトリスチン修道会茅野修道院▼

洗礼者聖ヨハネ
カトリック 宮津教会

京都教区 レデンプトール会司牧
創立1896年（パリ外国宣教会）
京都府宮津市宮本500

聖ヨセフ
カトリック 岩滝教会

京都教区　レデンプトール会司牧
創立1952年（レデンプトール会）
京都府与謝郡与謝野町字岩滝 2398-1

聖ユダ

カトリック 峰山教会

京都教区　レデンプトール会司牧
創立 1962年（レデンプトール会）
京都府京丹後市峰山町千歳661

聖アルフォンソ
カトリック 加悦教会

京都教区 レデンプトール会司牧 創立1950年（レデンプトール会）
京都府与謝郡与謝野町字加悦801-4

2007年祭壇改修前の旧祭壇

聖パトリック
カトリック 丹後大宮教会

京都教区 レデンプトール会司牧
創立 1953 年（レデンプトール会）
京都府京丹後市大宮町周枳 2176-1

▲カトリック丹後大宮教会▼

聖ジェラルド
カトリック 東舞鶴教会

京都教区　レデンプトール会司牧
創立 1955年（レデンプトール会）
京都府舞鶴市字浜 1593

ルルドの聖母

カトリック 西舞鶴教会

京都教区 レデンプトール会司牧
創立 1908 年（パリ外国宣教会）
京都府舞鶴市北田辺 65

聖堂内　位牌脇祭壇

修道院内　小聖堂

聖家族
(旧)カトリック 綾部教会〔廃止〕
京都教区 レデンプトール会司牧 創立1947年(レデンプトール会)
京都府綾部市新宮町6

※カトリック綾部教会は2015年廃止、
福知山教会に統合された。

被昇天の聖母

(旧)カトリック 福知山教会聖堂〔廃止〕

京都教区 レデンプトール会司牧
創立1950年（レデンプトール会）
京都府福知山市岡ノ上120-1

※2015年、旧聖堂を廃止し統合
新聖堂が献堂された。
現住所：福知山市駅南町1-247-1

聖マリア

(旧)カトリック 報恩寺教会〔廃止〕

京都教区　レデンプトール会司牧
創立1949年（レデンプトール会）
京都府福知山市報恩寺中才1

※カトリック報恩寺教会は2015年廃止、
福知山教会に統合された。

聖ヨセフ
カトリック 彦根教会

京都教区　教区司牧
創立 1935 年（メリノール宣教会）
滋賀県彦根市立花町 2-24

位牌脇祭壇

聖ペテロ・聖パウロ
カトリック 奈良教会

京都教区　教区司牧　創立1904年（パリ外国宣教会）
奈良県奈良市登大路町36

聖霊
カトリック 神戸中央教会

大阪教区　教区司牧
創立 1999年（大阪教区）
〔阪神大震災により、中山手教会・下山手教会・灘教会が倒壊の為、3教会統合教会創建〕
兵庫県神戸市中央区中山手通 1-28-7

元灘教会にあった絶えざる御助けの聖母画

聖ピオ十世
カトリック 飾磨教会

大阪教区　教区司牧
創立 1954 年（ミラノ外国宣教会）
兵庫県姫路市飾磨区細江 2586

聖ペトロ・聖パウロ
カトリック たかとり教会

大阪教区　教区司牧
創立 1927 年（パリ外国宣教会）
兵庫県神戸市長田町海運町 3-3-8

福者パウロ田中と妻マリア
カトリック 江ノ口教会

高松教区　教区司牧
創立 1938 年（田中英吉神父、ドミニコ会）
高知県高知市新本町 1-7-31

日本の聖母
カトリック 手取教会

福岡教区　教区司牧
創立 1889 年（パリ外国宣教会）
熊本県熊本市中央区上通町 3-34

七つの悲しみの聖母

カトリック 八代教会

福岡教区　聖コロンバン会司牧
創立 1897 年（パリ外国宣教会）
熊本県八代市本町 1-8-2

▲カトリック八代教会▼

贖い主キリスト
カトリック 愛宕教会

長崎教区　レデンプトール会司牧
創立 1956 年（レデンプトール会）
長崎県長崎市愛宕 4-3-3

レデンプトリスチン修道会 長崎修道院

創立1959年
長崎県長崎市彦見町1-3

レデンプトリスチン修道会 長崎茂木修道院 (創立1974年)

平戸市切支丹資料館

長崎県平戸市大石脇町 1502-1

明治期になって、キリスト教再宣教の為に、
パリミッション会の宣教師が伝えたもの

日本二十六聖人殉教者

カトリック 堂崎教会〔堂崎天主堂〕

長崎教区　教区司牧
創立1908年（パリ外国宣教会）
長崎県五島市奥浦町堂崎2019

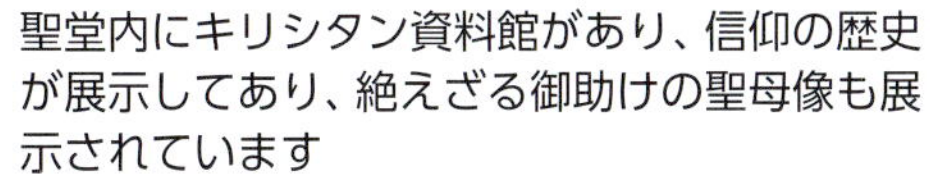

聖堂内にキリシタン資料館があり、信仰の歴史が展示してあり、絶えざる御助けの聖母像も展示されています

レデンプトリスチン修道会
西都修道院

宮崎県西都市大口川シオンの丘

イエスのみ心
カトリック 大口教会

鹿児島教区　レデンプトール会司牧
創立 1958 年（レデンプトール会）
鹿児島県伊佐市大口里 3096-1

被昇天の聖母

カトリック 宮之城教会

鹿児島教区　レデンプトール会司牧　創立1958年（レデンプトール会）
鹿児島県薩摩郡さつま町虎居1020

洗礼者ヨハネ

カトリック 入来教会

鹿児島教区 レデンプトール会司牧
創立 1973 年（レデンプトール会）
鹿児島県薩摩川内市入来町副田 5761

殉教者の聖母

カトリック 川内教会

鹿児島教区　レデンプトール会司牧
創立1908年（パリ外国宣教会）
鹿児島県薩摩川内市若松町4-7

イエスのみ心
カトリック 阿久根教会

鹿児島教区 レデンプトール会司牧
創立 1963年（レデンプトール会）
鹿児島県阿久根市波留 563-1

日本26聖人殉教者
カトリック 出水教会

鹿児島教区　レデンプトール会司牧
創立1958年（レデンプトール会）
鹿児島県出水市麓町11-27

カトリック 出水教会 旧聖堂
〔現信徒集会所〕元武家屋敷個人邸

聖霊
カトリック 谷山教会

鹿児島教区　レデンプトール会司牧
創立1964年年（レデンプトール会）
鹿児島県鹿児島市東谷山2-33-13

聖ヨセフ

カトリック 亀津教会

鹿児島教区　レデンプトール会司牧
創立 1960 年（レデンプトール会）
鹿児島県大島郡徳之島町亀津南区字預り3035

聖クレメンス
カトリック 面縄教会

鹿児島教区　レデンプトール会司牧
創立1961年（レデンプトール会）
鹿児島県大島郡伊仙町面縄

▲カトリック面縄教会▼

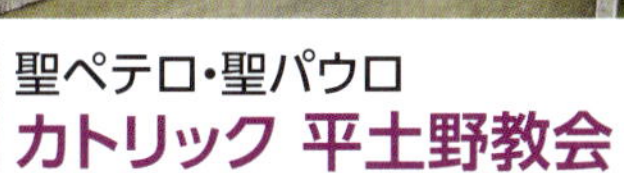

聖ペテロ・聖パウロ
カトリック 平土野教会

鹿児島教区　レデンプトール会司牧
創立 1981 年（レデンプトール会）
鹿児島県大島郡天城町天城 543-3

聖クリストフォロ
カトリック 岡前教会

鹿児島教区 レデンプトール会司牧
創立1958年（レデンプトール会）
鹿児島県大島郡天城町岡前1560

被昇天の聖母

カトリック 轟木教会

鹿児島教区　レデンプトール会司牧
創立1959年（レデンプトール会）
鹿児島県大島郡徳之島町轟木

聖アルフォンソ

カトリック 山教会

鹿児島教区 レデンプトール会司牧
創立1960年（レデンプトール会）
鹿児島県大島郡徳之島町山

聖ニコラス
カトリック 下久志教会

鹿児島教区　レデンプトール会司牧
創立 1963 年（レデンプトール会）
鹿児島県大島郡徳之島町下久志 7

イエスのみ心

カトリック 池間教会

鹿児島教区　レデンプトール会司牧
創立1960年（レデンプトール会）
鹿児島県大島郡徳之島町池間

アビラの聖テレジア
カトリック 花徳教会

鹿児島教区 レデンプトール会司牧
創立1963年（レデンプトール会）
鹿児島県大島郡徳之島町花徳

聖ジェラルド

カトリック 和泊教会

鹿児島教区　レデンプトール会司牧
創立 1966 年（レデンプトール会）
鹿児島県大島郡和泊町和泊 19-3

ロザリオの聖母
カトリック 国頭教会

鹿児島教区　レデンプトール会司牧　創立1965年（レデンプトール会）
鹿児島県大島郡和泊町国頭

世界各国では次の様に表記されています

日　本　語	絶えざる御助けの聖母
ラテン語	Beata Maria Virgo de perpetuo succursu
英　語	Our Mother of Perpetual Help
フランス語	Notre-Dame du Perpétuel Secours
イタリア語	Nostra Signora del Perpetuo Soccorso
ドイツ語	Lieben Frau von der immerwährenden Hilfe
ポルトガル語	NOSSA SENHORA DO PERPÉTUO SOCORRO
スペイン語	Nuestra Señora del Perpetuo Socorro
韓　国　語	영원한도움의성모

英語表記では、“Our Lady” はまだ生きていますが “Our Mother” にだんだん変わってきています。
日本語表記でも、以前は “御助け” を “御援け” との訳和もありました。
このiconの正式名称は特に決められてはいないようです。これからの研究が待たれます。

絶えざる御助けの聖母・御絵とメダイ

絶えざる御助けの聖母画は、祈りの本にも飾られます。絶えざる御助けの聖母の御絵もたくさん作られています。テレホンカードにも使われます。切手の図柄にも使われています。版画にも使われ、漫画でも子供たちに喜ばれます。それぞれのお国柄の絶えざる御助けの聖母も描かれます。おメダイも数多く作られ、アクセサリーにもなっています。絶えざる御助けの聖母は世界の人々に愛されています

その他の絶えざる御助けの聖母御絵（販売用含む）Ｉ

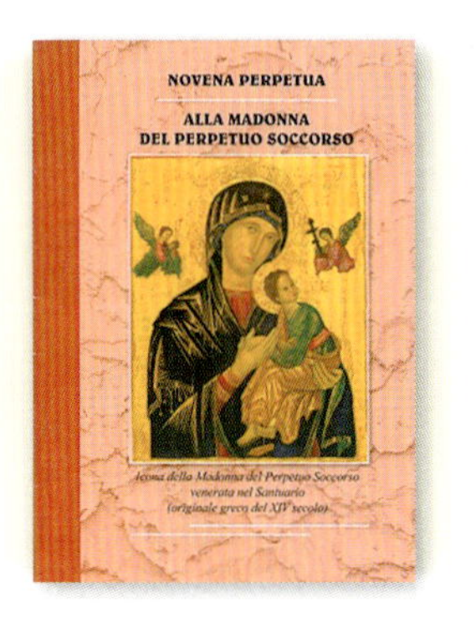

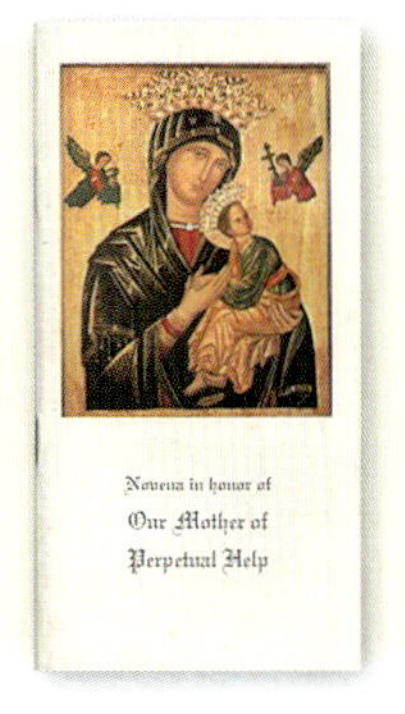

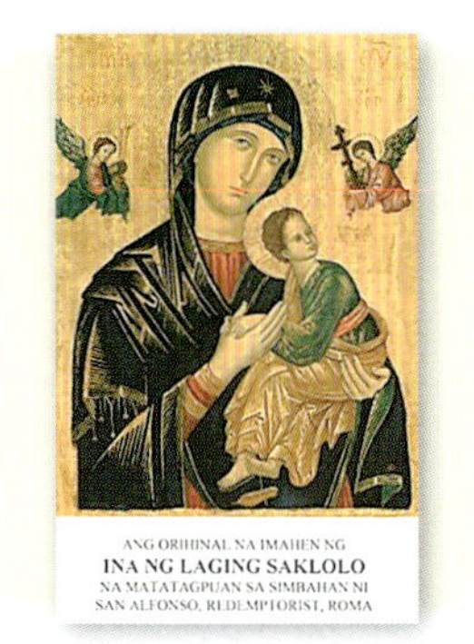

その他の絶えざる御助けの聖母御絵（販売用含む）Ⅱ

その他の絶えざる御助けの聖母御絵（販売用含む）Ⅲ

その他の絶えざる御助けの聖母御絵（販売用含む）Ⅳ

その他の絶えざる御助けの聖母御絵（販売用含む）V

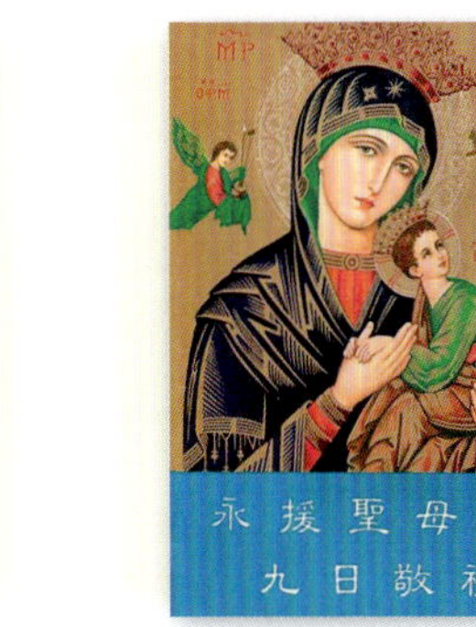

その他の絶えざる御助けの聖母御絵（販売用含む）Ⅵ

その他の絶えざる御助けの聖母御絵（販売用含む）Ⅶ

感謝の祈り

絶えざる御助けの聖母よ、あなたの御取り次ぎにより、神より頂いたすべての恵み、特に信仰と洗礼の賜物を感謝いたします。私たちに、世の腐敗や情欲に打ち勝つ力を与え、悲しい時、失望した時、過ちを犯した時に慰めてくださいました。

絶えざる御助けの聖母よ、私たちは信仰と忠実な心をもってあなたと共に歩み、あなたの悲しみを人々に伝えるように日々努力いたします。

私たちがあなたから頂いた恵みと、絶えざる御助けの聖母を賛美するのに、ふさわしい者となれますように。
アーメン。

「絶えざる御助けの聖母」画の由来（History）

C,Ss,R Sainte-Anne de Beaupre 出版より

東方典礼の諸教会の中に、絶えざる御助けの聖母の姿に極めてよく似た多くのイコンを崇拝する事ができます。事実、この画像は極めて古いものです。ギリシア、ビザンティンの絵画の伝統の流れの中で、木の板の上にそれを描いたのは、10世紀か11世紀の芸術家であったのでしょう。

15世紀初頭、イコンはローマ、聖マテオ教会の中で大いに尊重されて、それはどのようにしてそこに持ち込まれたのか、なぜ人々はそれを絶えざる御助けの「不思議なご像」と呼んだのか、それらのことはすべて、極めて古い小さな文章に記されています。その原本は失われてしまいましたが、それでも、完全に同一の3冊の写本が、相次いで発見されています。

最初の物は、バティカンの文書館で、副館長のピエール・ヴェンデル（Pierre Wenzel）によって発見されました。

これから、もとはラテン語で書かれたその報告書をお話ししましょう。

クレタからローマに掲げられるまで

クレタ生まれのある商人が、その島の教会のひとつからその聖母の画を盗み出しました。彼はその画を鞄の中に隠し、船に乗って航海に出て、船は大海に乗り出しました。船はそこで、水夫たちが難破しかねないと覚悟するほどの激しい悪天候に見舞われました。もとより水夫たちは船の中に画がある事を知らなかったが、切迫した難破の危機から救われるようにと、神と聖母に熱心に祈りをささげました。いずれにせよ、船が良い港に着いたのは、神のご意志による処でした。

この年の終りに、このクレタの商人は画を持ってローマに入ったが、彼はそこに着くや、重い病気にかかりました。彼はローマに住む友人の一人を呼んで、自分の面倒をみてくれるように頼みました。健康が回復した時、その埋め合わせをするつもりでありました。そのローマ人は彼を自宅に引き取りとてもよく面倒をみました。だが病はいよいよ重くなり、商人は死ぬ日が近い事をさとり、涙を流して友人に最後の願いを聞き届けてくれるように頼みました。

友人は頼まれたことはすべて行うと約束してくれたので、商人はそこでその画にまつわるすべての真実を打ち明けました。その画が崇敬されていた教会から自分がどのようにして盗み出し、商品と一緒にローマに持ち込んだかを語ったのでした。

「死の時が来て、私はもうその画を置きたい場所に置けないから、それを人々が尊崇するような、どこかの教会に寄贈して欲しい」。

クレタの商人が死んだ後、その画は彼の鞄の中から発見されました。だがそのローマ人の妻は、その画を自分の家から持ち出すことに強く反対し、彼女はそれを自分の部屋に置いて、10ケ月間そのままにしました。そこで、栄光ある聖母は、夜に幻影となって現れ、ローマ人に、その画を持っていないで、尊崇されるもっと尊い場所に置くようにお告げになりました。だが彼は注意を払いませんでした。しばらくたって、聖母は再び同じように現れ、改めて画を家に置かないようにお告げになりましたが、ローマ人は意に介しませんでした。すると今度は聖母は、もし画を移し替えなければ今度は彼が死ぬことになる、とお告げになりました。ローマ人は深刻に心配し始め、朝になって妻にすべてを打ち明けました。彼は妻に画をどこか教会に移すように頼んだが、妻はそんな事を聞こうと思わなかったと答えました。「私は異教徒ではなく、キリスト信者です。家の中に御絵を置いているのは私たちだけではないでしょう。自分の家に、聖母や十字架上のキリストとか、そうした御絵を置かないような変わった信者はいませんよ」。ローマ人は妻の言い分を最もだと聞き入れました。

聖母は再びこのローマ人に夢で現れて言われました。「注意をしなければなりません。私は何度も私をこの家から出してくださいと頼みましたね。でもあなたは聞き入れなかった。今こそできるだけ早く、私が尊崇される場所に移れるようにすることが必要です。」ローマ人は病気になり、死んでしまいました。

それから聖母はローマ人の娘に幻影として表れてお告げになりました。「行ってお母さんとお祖母さんに言いなさい。『絶えざる御助けの聖母は、自分をこの家から出すようにあなた達に忠告します。さもないと、みんないなくなることでしょう』と」娘が母親にそう伝えると、母親は恐怖を抱き始めました。彼女もまた同じような警告を受けていたからです。彼女は自分が反対したことで、夫の死に責任がある事を悟り、泣きだしました。彼女は画を移すことに決めたのでした。

彼女が泣いているのを見た隣の婦人がその訳をたずねました。母親は彼女に夫の希望、自分が拒否し反対した事で招いた夫の死などすべてを語りました。隣人は彼女に言いました。「あなたは間違っているわ。そんなことを信じるなんて馬鹿げたことよ。聖母マリアは天におられて、自分の画がどうなったなんて事に関わっておられないわ。もしあなたがその画を火に投げ入れると、どんな画であれ燃えてしまうでしょう。そうするのが嫌だったら、私にそれを頂戴な、私が何とかしてあげるわ」。この隣人が家に戻った朝、母親はひどい病気にかかった。彼女は祈り始め、約束をしました。すると病気は治ったのでした。

結局、聖母は改めて娘に現れ、その画をラテラノの大きな聖母のバジリカ教会と聖ヨハネ教会の間にある、使徒聖マテオに捧げられた教会に置くように言われた。母親はこれに従い、その教会を担当している聖アウグスチノ修道会にと、連絡をとり始めたのでした。その画が教会に持ち込まれた時、司祭と幾人かの人々が同席しました。聖母のとりなしによって、最初の恩恵の印が現れたのはこのときであります。腕に麻痺があり、動かすことも出来なかった男が聖母に敬虔に加護を求め、誓いをたてると、即座に癒されたのでした。こうして、いとも聖なる聖母のその画は聖マテオ教会に置かれることとなりました。それは1499年3月27日のことでありました。キリストにおけるいとも聖なる父にして主たる教皇アレクサンドル6世が教皇座について7年目のことでありました。

フランス革命以降の聖画、アルフォンソ教会の祭壇へ

画は3世紀に渡ってローマで崇敬されました。1798年マレシャル・ベルティエ（Marechal Berthier）率いるフランス軍がローマに侵入して、2月10日「自由ローマ共和国」が宣言され、マレシャル・ベルティエに代わったマッセーナ（Masena）将軍は、ローマの30余りの教会を破壊しました。1798年6月3日聖マテオ教会は完全に破壊され、その教会が建っていた土地は埋め立てられました。アウグスチノ修道会の神父たちは、すぐ近くにある聖エウセビウス教会に避難したが、あの画を持って行きました。1819年彼らはポステルーラ（Posterula）の聖マリア修道院に移住しました。そこにはすでに聖母の画が教会の中に掲げられていました。恩寵のノートルーダムです。絶えざる御助けの聖母の画は、修道士たちの私的な礼拝所に置かれました。その画はそこに50年間留まることになります。

そこに一人の古参の修道士で、その画が聖マテオ教会に持ち込まれ掲げられていたことを知っているアウグスチノ・オルセッチ（Augustin Oresetti）がいました。彼はその思い出話をするのが好きでした。彼の気の置けない友人は、ミッシェル・マルキ（Michel Marchi）という名のミサ奉仕者でした。「あの画のことを覚えているかい、かっては聖マテオ教会で大変尊ばれていたものだった」。若いマルキは後にレデンプトール会に入会しました。彼はこう証言しています。

絶えざる御助けの聖母の画として知られるこの尊崇すべき画は、私は子供時代から聖レデンプトール会に入るまで、ポステルーラのアウグスチノ修道会に任されていた修道院の小聖堂で見ていました。大事にもされず、装飾もなく、この聖母は完全に忘れられていました。それは埃をかぶり、その前にはたった一つの蝋燭が点っていました。私はよくこの聖堂でミサ答えをしましたが、よく崇敬と驚きの目でそれを見たものでした。

若いマルキは老修道士オルセッチが死んだ2年後の1855年にレデンプトール会に入りました。この年レデンプトール会は修道会本部にするため、ローマにあったカセルタ別荘を購入しました。移住して数年後、修道院の記録保管人が古い書類の解読を始めました。彼は古い聖マテオ教会で起こった不思議な出来事が語られている物語に心惹かれました。当時そこには絶えざる御助けの聖母の画が掲げられていたのでした。この聖マテオ教会があった場所こそ、カセルタ別荘の庭園の中だったのです。そこには今、レデンプトール会の創立者、聖アルフォンソの為に建てられた小さな教会が建っています。この機会に、若き神父ミッシェル・マルキは自分の証言を記しました。これらの出来事から数年後の1863年2月7日、イエズス会士フランソワ・ブロジ（Francois Blosi）はローマのある教会で聖母について説教をしま

した。彼は絶えざる御助けの聖母の不思議な画について説教し始めました。

兄弟たちよ、今日私は、過去においてのその不思議な働きで有名な絶えざる御助けの聖母について語るために来ました。

それは60年以前からその存在さえ不明のままだったのです。私の話を聞いて下さる皆さんの中に、今は忘れられたこの聖母の画がある場所をご存知の方がおられたら、望外の喜びです。聖母はこの画がエスキリンとチェリウスの二つの丘の間にある教会の中で公開され、信者たちに崇敬されることをお望みです。私たちはこの画を再発見する名誉が、私たちの時代の為に取っておかれたのだということを知っています。聖母ご自身が選んだ絶えざる御助けの聖母の名のもとに、聖母崇敬の復活とともに神の祝福が世界に広まりますように。

ブロジ神父の説教は、これを聴きに来ていたレデンプトール会員に強い衝撃を与えました。総院長であるヴィッラ・カセルタ（Villa Caserta）神父は、もう少し待って聖母が明らかに自身の意志を示されるよう熱心に祈る方が賢明だと信じました。2年後の1865年12月11日彼は教皇ピオス9世との会談に招かれました。彼は教皇にこれらの出来事を話しました。教皇はそれらの事実を聴いてひどく感動しました。なぜならまだずっと若かった時、母親が聖マテオ教会に祈りに連れて行ってくれたからでした。ピオス9世はアウグスチノ修道会に私信を送りました。教皇は絶えざる御助けの聖母の画がレデンプトール会に渡され、聖マテオ教会の旧跡に建てられた聖アルフォンソ教会に掲げられるようにのぞんだのです。1866年1月19日ミッシェル・マルキ神父が画を教会に運び込みました。

4月には絶えざる御助けの聖母のために3日間の荘厳な祭式が行われました。1866年5月5日教皇ピオス9世は、自ら新しい聖堂へ祈りに行きました。彼は「何とあなたの画は美しいのでしょう」と言われました。教皇はレデンプトール会に、全世界に絶えざる御助けの聖母への崇敬を広める責務を与えました。会員たちはその聖母の布教活動の保護者として、様々な嘆願をしました。彼らによって絶えざる御助けの聖母の信心会の名のもとに、祈りの信徒会が創設されました。1876年3月31日のことでありました。

ローマの聖ペトロ教会参事会員たちは特別な方法で、絶えざる御助けの聖母を崇敬したいと思い、祭礼を準備し、その祭礼の間に、聖母と幼子イエズスの頭に二つの立派な冠をかぶらせようとしました。3日間の荘厳な祈祷の後、1867年6月23日王冠がかぶせられました。大群衆が押し掛けました。なぜならこのローマでは、聖ペトロと聖パウロ殉教後1800年の記念を祝ったからで、多くの巡礼者が集まり、それは6月の終りまで続きました。

これらは、書き留められた古い資料に基づいて語る事の出来る、絶えざる御助けの聖母の聖画をめぐる大部分の事実です。

絵で見る、聖画のヒストリー

雪ノ下カトリック教会〔月報〕

絶えざる御援けの聖母の聖画の不思議な由来
（昭和30年6月19日雪ノ下カトリック教会月報より）　原文のまま転載

（一）クレタ島からローマへ

1866年、ピオ9世聖下は、レデムプトール会の神父達に、絶えざる御援けの聖母の不思議な聖画を託された。之より今日に至る迄、聖画はローマの聖アルフォンソ聖堂に保管され、絶えざる御援けの聖母への信心は間もなく全世界に、ひろまっていった。さて、この聖画が、ローマに辿りつく迄には、色々の経過をへて来ている。

只今、雪ノ下カトリック教会の聖堂の、祭壇上に掲げている聖画は、ローマで昔から崇敬を受けてきた、原画の（6223枚目の）写しである。原画は少なくとも、五百年を経過して居り、ビザンス式に描かれている。この種の聖画は、以前、ビザンスに屈していた国々では、大いにひろまっていた。十五世紀の末期に至り、クレタ島のある聖堂で崇敬を受ける様になった。多くの信者は、聖母に祈る為、この聖堂に参詣し、文書の伝えるところによると、ここでは数々の奇蹟が行われたとの事である。

ある日、クレタ島に住む一人の商人は、この不思議な聖画を盗み出し、自分の荷物の中に隠して、イタリアに向かって乗船した。どの様な動機でこの聖画を盗みをしたかは、多分永久にわからないであろう。しかしこの商人は御摂理の御計が成就するように、無意識のうちに協力していたことだけは、今になって分かるのである。

天主は悪より善を引出す事に承知して居られるから、この不思議な聖画には誰も予期出来ない様な栄光をそえるため、この不正な商人を用いられた。彼のおかげで、絶えざる御援けの聖母の聖画は、ローマに於いても崇敬を受け、之より聖画の栄光は国中に輝やいていった。

さて、商人が乗船した船は、数日前より海上にあったが、やがて、激しい嵐がおこり、海はひどく荒れて来たので、船員も船客も船は沈没してしまうと思っていた。しかしてこの様なおそろしい危険に出会うと、宗教に無関心であった人の心にも、信仰がよみがえって来るものである。之等の人達は、最後の時が来たと思い、跪いて天主に、聖母マリアに、あわれみを願い、この恐ろしい危険より救われる様にと祈った。彼等の祈りは聞き入れられた。やがて海は凪ぎ、船はイタリアのある港に辿りつく事が出来た。

それより一年後、クレタ島の商人は、かの聖母の聖画を携えて、ローマにやって来た。しかし、この商人は間もなく重病にかかり、ローマに住む友人の許を訪れ、病気の間おいてくれる様にと願った。友人は心よく彼を迎え、一切の看護を引受けてくれた。しかし病気は重くなる一方で、彼はやがて死期の迫った事を悟り、友人を呼んでどうか最後の願いを聞いて欲しいと涙ながらに頼んだ。友人は之を約束した。そこで彼は自分の荷物の中には、昔クレタ島の聖堂にて崇敬を受けていた聖母マリアの聖画のあることを説明し次のようにつけ加えた。之は不思議な聖画ですから敵わしい場所に於いて、崇敬を受けなければなりません。之がマリア様の御望であるのを、私は感じています。私は自分で之が出来ないので、あなたにおまかせします。あなたのお好きな聖堂にこの聖画をお託し下さる事を、約束して頂きたいのです。聖母は　そこで敵わしい崇敬を受けられるでしょう。友人は、彼の最後の願を、確かに果たす事を約束した。商人は、自分がクレタ島で盗んだ聖画が、ローマに於いて、人々の崇敬を受けるであろう事を信じつつ、息をひきとった。

（以上昭和30年6月19日　月報第19号記事）

（二）一商人の家にて

商人の臨終に立会った友人は、商人の荷物の中に、聖母の聖画を、実際に発見した。それで彼は、商人の遺言を果たそうと、妻に事の次第を話して聞かせたのである。ところが妻は、もとクレタ島の教会で、この聖画が、奇蹟を行っていた事を知り、家から聖画を持出す事をかたくなに拒んだ。主人は気の弱い人であったから、妻の反対に出会うと、一も二もなく譲歩して、遂に聖画を家から出さないと約束してしまった。かくて聖画は、九か月間、彼の家に置かれたままであった。ある日、聖母は主人にご出現になり、かの商人の遺言を果たさなければならない事を申された。しかし、それでも主人は妻に逆う事を恐れて、何もしなかった。聖母は数日後、再び主人の許に御出現になり、彼の家に聖画を置いておく権利のない事を、思い出させられたのである。主人は、聖母の三度目の御出現にあっても、依然として、遺言を果たそうとはしなかったので、遂に、之程迄に自分の望を果たす事を拒むなら、いつか禍が訪れるであろうと、聖母は厳しく咎められた。

主人は、このきびしい咎を恐れて、妻に聖母の御望を伝えた。しかし、妻は、軽卒に物事を信じる事をさげすみ、言ったのである。「家にその聖画を置いておいたら、一体どの様な禍が起るのでしょうか？どの信者の家にでも行ってごらんなさい。余り熱心でない信者の家にだって、聖母や、十字架にかかったキリストの聖画位は、あるものです。そうです、私達だって、あの聖画を持つ権利はありますよ。かまう事はありません。このまま家に置いておきましょうよ。」

又も主人は妻に譲ってしまった。しかし数日後、聖母は四度、主人の許に御出現になり、きびしい口調で申された。「私は、之迄三度もあなたに忠告しました。しかし、あなたは従いません。わたしの聖画があなたの家から出るには、あなたが先づ、自分から家を出なければなりません。」

かくて、主人は病気にかかり、数日後に亡くなってしまった。妻は夫を亡くし、今は恐れて、聖母の御命令に直ぐに従うであろうか？。ところが、夫の死もこの妻には、何等ききめはなかったのである。妻は以前よりももっと頑固になって、聖画は決して家から出すまいと決めていた。それで聖母は、妻の六才になる女の子を選んで、その御計画を成就なさろうとするのである。ある日の事、子供は非常に驚いた様子で母の許にかけより、云った。

「お母さん、私、今大層きれいな女の方を見たの……。この女の方は、お母さんに、絶えざる御援けの聖母は、あの聖画があなたの家から出ることを望んでいます、と伝えて下さいって。若し、このまま家に置いておくと、私達はみんな、死んでしまうんですって……」母も同じく、聖母の御出現に会っていたので、この言葉を聞い時には、それだけ余計驚いた。又、母は自分が聖画を家から出す事を、ひどく反対した事が、夫の急死の原因であったのを、ようやく悟り、後悔の涙にくれたのである。母は直ぐに、聖母の御望み通り、ローマの何れかの聖堂に、聖画を託す事にした。

この時、近所に住む一人の女が、訪ねて来たが、彼女が苦しんでいるのを見て、その理由を尋ねた。彼女は、絶えざる御援けの聖母の聖画について、之迄のいきさつを話して聞かせたのである。すると女は、その話を、頭から馬鹿にして言った。

「何をあなたは仰言っているのですか？。聖母は、今は天国においでになるのですから、そんな聖画などどうなろうと、心配なさるわけがありましょうか？。その聖画は、火にくべれば、唯の板片の様に、もえてしまいますよ。そんなものが恐いなら、私におまかせなさいな。私が、ひとつ始末をつけてあげましょう」

ところが、近所に住むこの女の人は、その夜、思いがけない病気にかかった。彼女はこの病気は自分が、かの聖画に対して口にした無責任な言葉によるものと悟り、心から天主に許しを願ったのである。そして、自分も聖母の聖画をローマの教会に託す様に、協力する事を約束し、やがて、病気は直った。

様々の障害を乗越えて、聖画はローマの何れかの教会に託される事となった。しかしローマには、当時、三百余の教会があったので、かの母は、この聖画を果してどこの教会に託したらよいか、迷っていた。ところが、又も聖母は御自ら之を解決する労をとられたのである。聖母は六才になる女の子に御出現になり、申された。

「私は、聖画が大聖堂とラテラノの聖ヨハネ大聖堂の間にある、使徒聖マテオにささげられた聖堂にて、崇敬を受けることを望みます。」

かくて、聖母の御望は明らかとなり、当時、聖アウグスチノ修道会が管理していた、聖マテオ聖堂に、聖画を託する事とし、母は院長の許に、聖画を持参したのである。

（以上昭和30年7月20日　月報第20号記事）

(三)

絶えざる御援けの聖母の聖画が、聖アウグスチノ会の聖マテオ聖堂に荘厳に掲げられたのは、1499年3月27日の事である。この日、聖マテオ聖堂内には、無数の群衆が参集し、聖画は聖マテオ聖堂を出て、ローマの市内を、行列して運ばれる事になった。さて、聖画の行列がローマの市中に差掛った時、腕の麻痺している一人の婦人が、その道端にて、聖画に触れたその瞬間に腕の病気はすっかり直ってしまったのである。やがて、行列は終わり、聖画は聖マテオ聖堂の主祭壇の上に、安置される事となった。之より三百年の間、聖母は聖画の許に来て、祈る人たちに対して、絶えざる御恵みを与えられたのである。絶えざる御援けの聖母の聖画はの評判は、ローマ市内やその近郊にもひろまってゆき、大勢の人は、聖マテオ聖堂に集まって、聖母の母としての御助けを求め、一方聖母は種々の御恵みや奇蹟を以て、ご自分の許に集まってくる人々の信頼に答えられたのであった。三百年の間、聖母が聖マテオ聖堂にて数え切れない程の奇蹟を行われた事は、次の言葉からも推察出来よう。

「聖マテオ聖堂には、絶えざる御援けの聖母の聖画が掲げられて居り、この聖画によって、数々の奇蹟や御恵みが与えられた。それ故之を、奇蹟の聖画と看做す事は、敵わしいであろう」(パンチロリ)

「この絶えざる御援けの聖母の聖画こそ、奇蹟を以て有名になった聖画である。」(ルパルドオ)

又、1687年ネルリイ枢機卿は、聖マテオ聖堂の地下に埋葬されたが、その墓石には、次の様な碑銘が刻まれている。

「輝かしい奇蹟を以て有名になった、聖マテオ聖堂内の御保護の下に、ネルリイ枢機卿永眠す」

ところで、奇蹟については、次の一つが伝えられているだけである。聖マテオ聖堂の香部屋係は、或る日、聖堂内に人の居ない隙を見て、祭壇内に捧げられてあった沢山の宝石を盗み、逃げ出した。彼は自分の家の方へと向かって駆け出したが、気がついて見ると、如何した事か、聖マタイ聖堂の前に引戻されてしまった。

香部屋係は、之は天主が自ら、瀆聖の盗みを止めようとして居るのだと感じ、後悔の念にかられて、盗んだ宝石を祭壇に返し、聖アウグスチノ会の修道者に次第を告げたのであった。

しかし、奇蹟と御恵みによる輝かしい三百年も、やがて傷ましい悲劇を以て、終わりを告げるのである。十八世紀の終りにフランス革命が起り、フランス軍の一隊は、ローマ市内に迄侵入し、聖マテオ聖堂の建っている、エスキリノの丘を占領し、聖マテオ聖堂を破壊してしまった。

聖アウグスチノ会の神父達は、聖マテオ聖堂を追われ、教皇ピオ7世聖下の指定されたサンタ・マリア・イン・ポステルラの小さな聖堂に、聖画を運んでいた。当時は最年、聖アウグスチノ会修道者を除いては聖画に対し、公に崇敬を捧げる事は難しかった。その上、絶えざる御援けの聖母の聖画の、過ぎし日の栄光の証人であった修道者は次々と亡くなり、唯一人オルセチイ老修道士が残るのみとなったのである。

このオルセチイ修道士は、ミサ答にやって来る、ミカエル・マルキと云う少年に、サンタ・マリア・イン・ポステルラ聖堂内の聖母の聖画を示し、度々云って聞かせていた。「ミカエルよ、この絶えざる御援けの聖母の聖画の事を決して忘れてはなりませんよ。この聖画こそ、昔聖マテオ聖堂にて、数々の奇蹟を行い、非常な崇敬を受けていた聖画です。」

しかし、ミカエル少年は、老修道士が何故聖画について之程強調するのか分からないまゝに、その話に耳を傾けていたのであった。やがて、オルセチイ修道士も亡くなり、この頃、教皇ピオ9世聖下は、レデムプトール会の総長に対して、ローマに本部を移す様に命令されたので、レデムプトール会の神父達は教皇の望に答えるため、適当な家を探す事にした。そして遂に、エキスリノの丘に、可成り広々とした邸宅を見つけ、ここに修道院を構える事となったのである。ところが不思議なことにも、この新しいレデムプトール会の庭には、昔、聖マテオ聖堂が建てられて居たのであり、聖堂の廃墟は尚も残っていた。レデムプトール会の神父達は、ここに教会を建て、之を十五年許前に列聖された会の創立者、聖アルフォンソ・デゴリに捧げたのであった。

しかし、レデムプトール会の修道者達は、聖マテオ教会の事も、又ここで三百年にわたり崇敬を受けてきた絶えざる御援けの聖母の聖画についても何一つ知らなかった。或る日一人の神父は、図書室で調べ物をしていた時、聖マテオ教会について記されている、次の様な記録を発見した。

「聖マテオ教会は、昔エスキリノの丘の、今のレデムプトール会の建っていた場所にあった。ここで、絶えざる御援けの聖母の奇蹟の聖画は、長年崇敬を受けていたが、今日、聖画は紛失してしまい、誰も之が如何なったか知らない」

この様な記録を発見した神父は、急いで他の神父達に、之を知らせに行った。この時話を聞いていた一人の神父は、突然、霊感を受けたかの様に叫んだ。

「私はその奇跡の聖画が、今どこにあるかを知っています。私が未だ子供であった時、サンタ・マリア・イン・ポステルラの聖アウグスチノ会の修道院聖堂で、度々見た事があります。」

こう云ったのは昔オルセイチノ老修道士より、聖画について話を聞いて居り、今はレデムプトール会に入会した、ミカエル・マルキ神父であった。ミカエル・マルキ神父は他の神父達から問われるままに、絶えざる御援けの聖母の聖画について、知っている事を皆、話して聞かせた。レデムプトール会の神父達は、之を聞いて驚き、この場所で、昔崇敬を受けていた絶えざる御援けの聖母の聖画に関心を寄せ始めた。しかし、この貴重な聖画は、ほぼ四百年近くも、聖アウグスチノ会に所属していたので、今更、レデムプトール会の神父達は、之を請求する資格はないと思ったのである。やがて、聖母は、もう一つの標を以て、聖画がレデムプトール会の、聖アルフォンソ聖堂に於いて、崇敬を受ける事を望んで居られる旨を、知らせられたのです。

(以上昭和30年8月30日　月報第21号記事)

(四)

1863年2月のある土曜日、ヴォズイ神父という、イエズス会の神父は、ローマのイエズス会の教会に於いて説教し、説教の題目として、「絶えざる御援けの聖母」を選んだ。先ず神父は、次の様な言葉を以て、説教を始めた。「昔、奇蹟を行って、非常に有名になった聖母のある聖画について、今日はお話ししましょう。しかし、この聖画は七十年前より忘れられており、今日ではおそらく、どこかの個人の家に隠されていると思われます。以前の様に公の崇敬を捧げる事が出来ないでいます」。

説教師は、こう言って、絶えざる御援けの聖母の聖画の由来をはじめて話し、ついて、聖マリア大聖堂とラテラノの聖ヨハネ聖堂の間にある、聖マテオ聖堂で崇敬を受けるのを、望んでおられることを事をつけ加え、次の様に結んだ。

「この説教を聞いて居られる方の中で、聖画の隠されている場所を知っている方が、あれば、聖画の保管者に会い、聖母は聖画が昔の聖マテオ聖堂跡の教会に於いて、崇敬を受けるのを望んで居られる事を、知らせて頂きたいのであります。聖母は、あらためて、絶えざる御援けの聖母、と云う名称の下に崇敬を受け、平和の賜を世にひろめられるでありましょう。」

ヴォズイ神父の説教は間もなく、レデムプトール会にも伝わり、レデムプトール会の神父達は、聖母が聖マテオ教会跡、すなわち今自分達の修道院のある場所に於いて、聖画の崇敬を望んで居られる事を、はっきり表されたのをはじめて知って、深い感銘を受けた。

レデムプトール会の当時の総長は、有徳で思慮深いモーロン師であった。モーロン師は、絶えざる御援けの聖母の聖画を、レデムプトール会にむかえる必要な手続きをふむに先立って、よく祈り、よく熟考し、しかして二年後の1865年12月11日になって、始めてピオ九世聖下にこの問題を上訴したのであった。総長は、聖下に対して、聖画の由来やレデムプトール会に聖母の聖画をむかえたき理由を述べて後、聖画の所有権をレデムプトール会に譲られたいと願い出た。すると教皇ピオ九世聖下は、モーロン師の話に感銘を受けられ、自ら筆をとって、ポステルラのサンタ・マリアのアウグスチノ会の分院の院長に対して、絶えざる御援けの聖母の聖画をレデムプトール会に譲る様に、求められた。

聖アウグスチノ会の神父達は、聖画を譲ることを快く承諾された。そこで、翌年1月19日、ミケル・マルキ神父は、もう一人の神父と一緒に、サンタ・マリア・インポステルラの、聖アウグスチノ会の神父の許に、絶えざる御援けの聖母聖画をむかえに行った。聖画は昔、マルキ神父が度々目撃した事のある修道院の内部の聖堂内に、やはり飾られて居た。この聖画を、聖アルフォンソ・デ・リゴリに捧げられた聖堂内に掲げるにあたっては、三日にわたる荘厳祈祷が、四月の終りに催された。

式典には、五万余の人が参列し、又多数の枢機卿、司教、司祭は、この聖画の前にてミサを捧げる事を望んだ。聖母は聖画が聖アルフォンソ聖堂内に飾られる様になった事を、奇蹟を以て嘉されたのであった。ある母親は、その八才になる女児が、四才の時から、足を悪くし、歩行にも非常に困難を来しているので、聖画の行列が行われる時、この奇蹟の聖画に子供を捧げようと考えた。するとこの時、子供は足の自由をいくらか取り戻した。数日たって、母親は、女児を聖アルフォンソ教会に連れて行き、深い信仰を以て、「聖母よ、御身の始め給うた事を、今成就し給え」と願ったが、この言葉を唱え終わる間もなく、女児はすくと立上り、楽々歩き始めたのであった。

教皇ピオ九世聖下は、ご自分の聖堂に、絶えざる御援けの聖母の聖画の写しを飾られ、この三日祈祷につぐ五月聖母月の間は、度々この前で祈っておられた。

1867年6月23日、聖画は、教皇様の御望から、金の王冠を以て飾られ、更に、毎年絶えざる御援けの聖母の栄光のため、第二級祝日を祝うように望まれ、この祝日は6月24日洗礼者聖ヨハネの祝日の直ぐ前の主日に定められる事となった。

さて、聖アルフォンソ聖堂に聖画を捧げて以来、絶えざる御援けの聖母の信心は急速にひろまってゆき、多数の聖堂や教会では絶えざる御援けの聖母の聖画の写しを掲げられる様になった。

現在、私達の小教区、雪ノ下カトリック教会に掲げられているのは、6223枚目である。

この小教区の保護者である、絶えざる御援けの聖母に対して、私達は無関心であってはならない。特に10月のロザリオの月の間は、絶えざる御援けの聖母への信心が、ますますひろまる様に祈り、更に私達も、尊い武器たるロザリオを以て、聖母への信心を深める様にしよう。

(以上　昭和30年9月30日　月報第22号記事)

カトリック雪ノ下教会の
原画の6223枚目の複製画

日本における「絶えざる御助けの聖母」(History)

長崎の「絶えざる御助けの聖母画」

日本に於いては、長崎の初代司教のプティジャン師がローマより、麻布に写した「絶えざる御助けの聖母」の原画の複写を持って来られ、大阪の司教座聖堂に掲げられました。

プティジャン師(Bernard Thadée Petitjean M,E,P1829－1884)は1854年に司祭叙階され、1859年にパリ外国宣教会に入会し、日本への布教を志しました。当時の日本は、外国人の入国が困難であったため、とりあえず琉球に渡り(1860.10.26)、那覇で日本語と日本文化を学びました。

前年外国人のための教会が、神奈川、長崎、函館の港に建築を許可されたのを受け、1862年ジラール師が横浜天主堂建立した年の9月14日プティジャン師が横浜到着。1863年8月長崎到着、居留地の大浦に天主堂が1864年2月19日落成し、3月17日浦上の潜伏信者が教会を見学に来て、信徒発見となり、浦上・五島方面の信者発見に努めました。

1866年プティジャン神父は、日本使徒座代理区長に任命され、10月21日香港で日本代牧区の司教に叙階されました。翌年浦上四番崩れが勃発すると、報告のためローマに赴むき、1869年に第一バティカン公会議出席のため、1876年日本教区分割要請のためローマ訪問、1871年に司教座を横浜に置きました。

1876年5月22日、プティジャン司教の熱心なる嘆願により、ローマの布教聖省は日本を2つの代牧区に分け、北代牧区はオズーフ司教が司教座を横浜とし、南代牧区はプティジャン司教が大阪を司牧座とし、1879年3月25日献堂式が挙げられました。この頃の度重なるローマ訪問時、プティジャン司教が麻布に写した「絶えざる御助けの聖母」の複写を持ち帰り、大阪司教座聖堂に掲げたものと考えられます。しかしこの聖画は、その後に戦災により灰塵と化してしまわれました。

その頃、パリ外国宣教会のラゲ神父(Raguet,Emile 1854-1929)は1879年に日本に赴任した直後に長崎での活動を命じられ、その後九州全域で宣教活動を行いました。

プティジャン司教の承認を得て、ローマから「絶えざる御助けの聖母画」を二枚求め、一枚は現在でも長崎市の絶えざる御助けの聖母に奉献された大山教会の聖堂に掲げられて居り、もう一枚は平戸の絶えざる御助けの聖母に捧げられた壱部教会の聖堂に、現在も掲げれれています。

信徒発見から、潜伏切支丹(カクレキリシタン)にパリ外国宣教会がキリスト教再宣教のために、「絶えざる御助けの聖母」の御絵を配りました。その一部が平戸切支丹資料館に保存されています。

このように、絶えざる御助けの聖母は、明治期初めのころから日本の信者にも親しまれ、祈り続けられています。

レデンプトール会日本司牧と「絶えざる御助けの聖母」

(カトリック雪ノ下教会創立50周年記念式典ミサでの
アルマン・ドモンティニ神父C,Ss,Rのスピーチ)

1948年5月8日(土)朝9時半頃、私達3人は横浜港に船から降りて、初めて日本の土を踏みました。当時の横浜教区司教の脇田司教様の招きに応えた、レデンプトール会の最初の宣教師でした。名前は、院長ルイ・フィリッポ・レベック神父と、カンパニヤン神父、そして私ドモンティニ神父でした。院長のレベック神父はそれまで、カナダのケベックで9年間管区長として勤められ、その後戦争の最中にはローマで総長顧問をなさり、来日された時は57歳でした。他の二人は34歳と33歳でした。

私達が発見した日本、それは恐ろしい戦争の犠牲となった国でした。横浜や東京に行き、目にしたものは、どこもかしこも廃墟と化して、目立つものといえばトントンぶきの掘っ立て小屋や、半壊した廃屋をどうにか使いながら生活している人々の姿でした。道を走っているのはほとんど米軍の車で、一般の日本人が使っているのは自転車くらいのものでした。都会では信号が赤になると、すぐそこには数え切れないほどの自転車で埋まりました。ガソリンが手に入らないためにタクシーや自家用車はなく、あるのはどうにか走る事の出来る古びたバスくらいのものでした。今の若い人は想像することはできないでしょうが、昭和25年頃の銀座には、馬車や牛車が行きかっていました。

私達が日本に来てから直面していた大きな問題は、当然の事ですが、どこに修道院と礼拝堂を定めようかと云う事でした。日本に上陸するずっと前から、今度創る教会は、絶えざる御助けの聖母に御捧げするものである事に決まっていました。

日本に着いてからは、早速、信者の不動産屋さんに案内してもらい、色々なところを見て回りました。その年の「絶えざる御助けの聖母の祝日」は6月20日でしたので、9日間のノベナの祈りの間は「少しでも良い場所が見つかりますように」と祈り続けていました。そして、ついに鎌倉に良い物件が見つかって、見に行くことが決まった日が、6月20日で、それはまさしく、「絶えざる御助けの聖母の祝日」だったのです。

そして、約一年経って、いよいよ小教区として正式に設立する時期が来たのではないかということで、司教様にご都合をお伺いしましたところ、6月21日しか空いていないとの御返事でしたので、その日にお願いいたしました。本当に不思議な事なのですが、司教様のご都合がついた6月21日は、またしても、その年の「絶えざる御助けの聖母の祝日」だったのです。そして雪ノ下教会は、その記念すべき日に、新教会の祝別式が脇田司教によって行われ、正式に小教区として認知されました。この教会は「絶えざる御助けの聖母」に奉献されました。

あとがき

教皇ヨハネ・パウロ２世（聖人）は５月の聖母月に次の様にお話になっておられます。「私のマリア信心の"最初の形"は、幼年時代の幾つかの場面に結びついています。私は、ヴァドヴィツエの小教区の教会にある「絶えざる御助けの聖母」の画の前でよく祈ったものです」教皇ヨハネ・パウロ２世も、同じ絶えざる御助けの聖母の聖画の前で祈っておられたことに、喜びを隠せません。

絶えざる御助けの聖母の壁画のあるカトリック雪ノ下教会所属信者の私が、2009年、２名の大司教様５名の司教様方と同行のバティカン巡礼の折りに、ローマアルフォンソ教会を訪問し、絶えざる御助けの聖母聖画の前で祈りを捧げて以来、日本国中69か所の絶えざる御助けの聖母巡礼を続けました。拙作な写真ですが、「私たちの見上げる絶えざる御助けの聖母」として、信者の目線で、みなさんと一緒に巡礼致したくて、絶えざる御助けの聖母信心会指導司祭のロジェ神父の御指導を受け、巡礼本に致しました。

私の巡礼に同行ご案内下さった神父様やシスター方、信者の方々に心から御礼申し上げます。ヒストリー、メッセージを一部引用させてくださいました、レデンプトール修道会様、広川夏樹様。文献を翻訳してくださった、磯見辰典様、申 樹浩様に、心から御礼申し上げます。そして、何よりもうれしい事は、カトリック長崎大司教区高見大司教様から出版許可を賜りましての出版が出来ましたことに、お力添えいただきました皆様方に、心から御礼申し上げます。

三輪　匠

<参考文献>

- Sainte.Anne de Beaupre.C,Ss,R 発行の祈りの本
- Redemptorist.com
- 各地Redemptorist管区発行の祈りの本
- レデンプトール修道会発行「絶えざる御助けの聖母への祈り（新装版）」
- カトリック雪ノ下教会教会報
- アンティークアナスタシア広川夏樹訳文献

<著者紹介>

三輪　匠（みわ・たくみ）
1947年6月11日生まれ
1989年3月受洗
カトリック雪ノ下教会所属信者
絶えざる御助けの聖母マリア信心会会員

絶えざる御助けの聖母 巡礼
Our Mother of Perpetual Help

2016年4月24日　初版発行

著　　者：三　輪　　匠
imprimatur by Takami Archbishop

発 行 者：赤　尾　満　治
発 行 所：聖母の騎士社
〒850-0012 長崎市本河内2-2-1 TEL.095-824-2080/FAX.095-823-5340
E-mail:info@seibonokishi-sha.or.jp http://www.seibonokishi-sha.or.jp/
印 刷 所：聖母の騎士社

Printed in Japan　ISBN978-4-88216-368-8　C0016

SEIBO NO KISHI